새 섬 속으로

새 섬 속으로

인쇄 2015년 9월 15일
발행 2015년 9월 21일

지은이 이병헌
펴낸이 이순옥

펴낸곳 도서출판 문화의힘
대전광역시 동구 대전로 867번길 52
한밭오피스텔 406호 / 제364-117호
전화 042) 633-6537
전송 0505) 489-6537

ISBN 978-89-90647-88-7

| 값 10,000원 |

이 도서의 국립중앙도서관 출판예정도서목록(CIP)은 서지정보유통지원시스템 홈페이지(http://seoji.nl.go.kr)와 국가자료공동목록시스템(http://www.nl.go.kr/kolisnet)에서 이용하실 수 있습니다.
(CIP제어번호: 2015024951)

새 섬 속으로

이병헌 시집

도서출판 문화의힘

새 섬 속으로

새 섬 속으로 들어가며

올 여름 타들어가는 세상은 예당저수지의 바닥을 들어내게 할 정도로 깊게 빨려 들어가고 있었고 물 속에 갇혀있던 바닥은 뜨거운 햇살을 머금고 거죽을 파헤치며 거미줄 되어 온몸을 드러내고 있었다. 물이 빠져 나가자 그 안에는 숨겨졌던 섬이 몸을 드러내고 평평한 바닥에는 초록빛 세상이 솟아올랐다.

봄과 여름을 지나 가을로 가는 길목에 오랫동안 숨겨졌던 자아가 거친 호흡을 가다듬으며 새 섬을 만들었다. 첫 발을 내딛은 지 십오륙 년이 지나서야 부끄러운 시집 한 권을 묶으면서 새 다짐을 해 본다.

이런 저런 흔적들이 그 섬에 모여지고 나서야 '나'를 다시 생각해보았다. 언제나 옆에서 '나'를 '나'로 만들어준 아내와 훈희 주희에게 고마운 마음을 전한다. 늘 곁에서 격려해주신 신익선 한국문인협회 충남지회장님과 한국문인협회 예산지부의 회원님들, 한문연, 서기문향 식구들과 도서출판 문화의 힘 사장님께도 감사하다는 말씀을 전한다.

2015년 9월

이병헌

머리글

제1장 사유의 섬

벽 ············ 12
나이테 ············ 13
통증 ············ 14
겨울 염전 ············ 15
오징어 ············ 16
보릿고개1 ············ 18
노을이 지난 언덕 위에 ············ 20
집게 ············ 21
커피 ············ 22
교정校正을 보며 ············ 24
열쇠고리 ············ 26
빨래 ············ 28
부표浮標 ············ 29
겨울비 ············ 30

제2장 그리움의 섬

밴댕이찌개 …… 32
숲으로 가는 길 …… 34
겨울비는 날개를 돋게 한다 …… 36
문자메시지 …… 37
시장 5 …… 38
선지 …… 39
건조주의보 …… 40
입추立秋 …… 41
철수네 무논 …… 42
수염 …… 43
함석지붕 …… 44
우표 …… 45
모래무지 …… 46
일벌레 …… 48
프리볼트(Free Volt) …… 50
안개 …… 51

제3장 미지의 섬

사랑 고픈 날에는 정동진에 가라 …… 54
봄빛 그녀 …… 56
거리의 악사 …… 58
몽마르뜨 언덕에서 …… 60
향적봉 주목 …… 62
유배流配 …… 63
채석강彩石江 …… 64
선운사 동백 …… 66
일몰 …… 68
한없이 흔들린다 …… 68
마곡사 잉어 …… 69
홍도 …… 70
시詩가 떠난다 …… 71
염전鹽田 …… 72
노을 …… 74
어죽 …… 75
환승역에서 …… 76
황금나무 …… 78

제4장 존재의 섬

모과 ············ 80
꽃무릇 ············ 82
알밤 ············ 84
땅콩 ············ 86
산수유 ············ 88
복수초 ············ 89
미모사 ············ 90
메꽃 ············ 91
밤꽃 ············ 92
진달래꽃 ············ 94
매발톱 ············ 95
민들레 ············ 96
게발선인장 ············ 98
돌양지꽃 ············ 100

해설
자아성찰을 통한 절정絶頂의 시학 ············ 104

새 섬 속으로

제1장

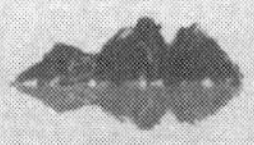

사유의 섬

벽

내가 앉은 곳으로 벽이 솟아오른다
콘크리트로 세워진 틈새로 겨울이 꿈틀대며
내 호흡을 흡수하고 있다

벽에 붙은 어둠이 내 눈으로 달려든다
망막에 맺힌 겨울이 어둠을 몰아낼 때
벽에서 소리가 흘러나오고 있다

가슴속에 매달렸던 의식이
한없이 신음소리를 낸다
벽에 매달린 허무가 히죽대며 나를 노려볼 때
차라리 그 웃음 속에
빠져들고 싶은 충동에 빠진다

소리가 벽을 흔들어대고
겨울이 벽을 타고 날아온다

나이테

태어나면서부터 내 몸에서
노래하는 기호
등고선이
무게 되어 내려앉는다

수없이 오르내리며
침전되는 시간
거칠게 그어진
사막의 물결
높은 파도가
산으로 태어난다

겹겹이 쌓여 옹이로 피어나고
바람이 스칠 때마다
뿌리를 뻗으며 조여드는 날에도
면도날로 깎여진 아침 속에서
거울 안에 갇힌
낯선 사람을 본다

통증

어떤 약속도 없이
갑자기 찾아들어
내 몸에 기생하더니
번식하기 시작한다

간호사는
어깨가 끓어오르는데
엉덩이에 주사바늘을 찌르고
조제된 세상을 밀어 넣는다

밀치고
부딪고
며칠 동안 싸우다가
침으로 전선을 구축하고
온몸에 달려드는 통증과 맞장 뜬다

겨울 염전

웅성대는 계절에 붙잡혀
온몸 내려놓고
바닥을 보이고 있다

타오르는 몸에서
숱하게 배설되었던
절정의 기억을 더듬지만
차가운 몸에 담아
뜨겁지 못할 사랑으로 맺어질
유산을 두려워하며
온몸을 낮추며
비워놓은 몸

설렁대며 흩날리는 바람에
추억마저 날려 보내고

웅웅웅
가슴 퍼내며
허둥댄다

오징어

1

깊은 암흑 속
흔들거리면서 다가오던
유혹의 불빛에 넋을 잃고
광란의 파티 속으로 들어가 붙잡힌 몸
이미 시퍼런 세상은 없고
검은빛이 너의 몸을 덮기 시작한다

2

바다를 놓아주는 끈에 잡혀
온몸 허덕이며
펄떡이는 몸
여기저기 날아올라
투명한 몸뚱이 사이
마지막 몸부림으로 노래를 부른다

3

주검이 되어
바다를 살려온 칼끝으로

네 몸을 지지해 왔던
검은 피마저 제거되던 날
온몸에 담았던 세상
모든 것을 벗고
꼬챙이에 꽂혀 바닷가에 선다

4
어둠을 밀어낸 겨울 해가 새 빛을 내며
동해 바닷가 찾아들고 있을 때
온몸에 각인되었던
비릿한 몸
나그네들의 시선을 먹고
겨울 칼바람에 다시 온몸 낮추며
겨울 속으로 파르르 미끄러지는 날

너는 환생을 꿈꾸고
나는
너의 몸을 범하고 있다

보릿고개1

초여름 햇살이
무겁게 내려앉을 때
아이는 젖꼭지를 물고
있는 힘을 다하여
어머니를 빨아들이려 했다

줄 젖이 없어
아이를 내려보다가
초여름 졸음을 이기고
설익은 보리낟알 모아
절구통 채우고
가난을 찧고 있었다

어머니는 가슴속 설움까지 모아
가마솥을 채우고
불을 지폈다

뜸이 들기를 기다려
신세한탄을 멈추고
다시 붙잡은 부지깽이로
남아있는 불을 파헤쳐
가난을 익히고 있었다

그 뜨거움이 진정되면
대나무 소쿠리에
보리쌀을 담아놓고
몇 줌 덜어
솥바닥에 깔고
덜 퍼진 보리알을 씹고 있었다

아이의 엉덩이를 두드리며

노을이 지난 언덕 위에

사막에 어둠이 내리던 날
내 몸 안에 침엽수처럼 솟아난 그리움

모래언덕을 넘어
폭풍의 소용돌이 속에서
길들여진 외로움에
입술을 깨물었다가
다시 휘파람으로 밀어내는 웃음

잿빛 하늘에 붉게 타오르는 신기루
지친 가슴속에
두 손 꼭 잡고
오아시스로 가는 길을 내었다

아직
노을이 지난 언덕 위에
어둠이 내리지 않는데

집게

1

책상정리를 하다가 책상을 어지럽히는 것들을 집게 하나로 묶어 버리고 나니 가뿐해지는 세상이 나의 머리를 가볍게 만들고 나의 손끝에는 갑자기 다가오는 녀석의 신기함에 바보처럼 웃고 집게도 따라서 웃는다

2

빨간 얼굴로
겨울을 녹이고
내 시선 속으로
쭉 뻗은 것이
하나가 되어서 다가온다

한심스럽다 비웃듯
다리를 벌려
어지러운 세상
중심 속으로 밀어 넣고
거친 웃음 내밀며
입을 다문다

커피

언제부터인가
내 방에는
그녀가 들어앉아 있다

첫사랑으로 다가와
그루터기 된 기억조차
여과지를 통과해
새롭게 만들어 내는 세상
어둠이 깊은지
가슴속 맺힌 세상이
더 깊은지
누구도 가늠할 수 없다

돌고 돌아
세상 속으로 달려와
몸을 누이며
호수가 되는 날

처음 안아보았던
쓰디쓴 추억도
아스라이 방울질 때
내 몸은
준비된 공간을 열어
깊게 받아들인다

교정校正을 보며

온몸에
뜨거움이 남아있는
갓 구어 낸 세상

수없이 펼쳐지는
그들의 가슴을 탐닉하며
웃음을 떨어뜨리고
분노를 삼키기도 한다

쏟아져 내리는
형광불빛 속에
시선을 모으며
숨겨진 티를 찾아낸다

나의 눈초리가 멈춰 서는 곳
녀석의 헤진 몸에는
칼끝으로
생채기를 낸다

수없이 부딪는
상념 속에서
칼끝에 긁힌
살갗이 안쓰러워
내 손끝은
가슴속에 숨겨놓았던
거친 언어를 삭여
붉은색 사랑으로 갈무리한다

열쇠고리

한 쪽
원으로 시작해서
다른 쪽
원이 되어
세상을 가두는 곳

비스듬히
몸을 벌려
좁은 틈 속으로
살며시
밀어 넣기 시작한다

한 바퀴 돌리고
다시 한 바퀴
너의 몸을 핥고 지나가면
너의 몸 중앙에
무게가 자리하게 된다

네 몸에
붙어있는 것은
각기 다른 삶

매달린 무게가
구멍을 파헤칠 때마다
다른 공간이
매달려 온다

네 몸체를 달고 있는
히죽거리는 웃음을 볼 때마다
나는 네 몸에 달은 하나를 풀어
내 가슴에 갇혀 있는
너무도 익숙해진
그리움을 풀어 헤친다

빨래

시간을 조각내어
덕지덕지 붙여놓은 몸

잡아먹은 시간만큼
몸에서 흘러내던 분비물을
그대로 받아들여
네 몸에 가두어 놓았다

흐르는 시간만큼
찌든 영혼을 가둬
무게를 더하는 몸

내 몸의 비밀스러움을
다 훔쳐가고
나를 벗어버리는 날
너는
어둠 속으로 들어가
윤회輪廻를 꿈꾼다

부표浮標

그 때
하늘은
정적을 틈타
어둠을 담고 있었다

칠흑이 머무는 수면
균형을 벗어나
바닷물에 숨어들다가
부력浮力을 증명하며
수면 위에
솟아오른다

다행이다

나를
밀어 넣던 의식이
어둠 속에서 솟아올랐다

겨울비

회색 계절이 걸친 하늘
뿌연 안개 사이
아쉬움의 뒤안길에서
가느다란 줄기가 되어
을씨년스럽게 추적거리며
공허한 가슴 때리며 역류하는 소동

제2장

그리움의 섬

밴댕이찌개

유년의 기억 속에
또렷한 언어로 자리 잡으며
곰삭아 온 이야기

한 달에 한 번은
그 추억을 담기 위해
열 평 남짓한 타임머신 속으로 들어간다

할머니의 얼굴에 담긴
수십 년 된 주름살만큼
거친 욕으로 주눅 들게 하다가
풍성한 보따리
상 위에 가득 펼쳐놓아
사막이 된 입맛을 돋운다

너 소갈머리 없는 것이
세상 속에 찌들어 동동거리다가
파닥거리는 나와 같다고 생각하며
피식 웃음 흘리다가

빈 잔에 잠긴
또 다른 세상을 본다

그래
나는 이미
너를 범하고 있었어

퇴근 길 납치되는 순간부터
보릿고개를 넘으면서
광천 장에 다녀오면서 아버지의 손에 들렸던 네가
찌그러진 양은냄비에 담겨
입맛을 당기며
내 몸으로 파고들기 시작했어

곰삭은 웃음으로 내 온몸을 두드리면서

숲으로 가는 길

여름이 지나면서
채 익지 않은 햇살로
숲속으로 가는
새로운 길을 내기 시작했다

잡목으로 가득했던 곳
영역표시가 된
짐승의 배설물이 나뒹굴던 곳

칡넝쿨이 새 지도를 만들어
길을 잃어버렸는데
사막 속에 파묻혔던
무딘 칼날을 세워
잠자던 내 영혼의 거죽에
칼집을 내었다

잡목이 잘라져나가고
바위와 함께 뒹굴던 나무는
장작더미가 되어서

오두막 지키는 병정이 되었다

아무도 들지 않던 산으로
나를 감싸던 모든 것 벗어버리고
바람을 따라 나섰던 길

가뭄조차 익숙한 떡갈나무는
갈색 웃음으로 나의 입술을 지나고
말라비틀어진 단풍잎 사이
그리움을 품은 잎새 하나
흐르는 바람에 몸을 떤다

계절이 깊어 가는
숲으로 가는 새 길엔
가슴속 깊이 숨겨 놓았던 노래가
가랑잎 소리와 함께 춤을 춘다

겨울비는 날개를 돋게 한다

긴 꼬리를 감아 올렸던 계절 속으로
어둠과 섞어 내리는 줄기

아쉬움이라고 이름 지어진 날
숨겨놓았던 단지 속에 담긴
꿈틀거리는 줄기를 내어
흩뿌리는 세상

가을을 딛고
문턱을 넘어
새 향기를 내는 날

결린 어깨에
날개가 돋아나려나 보다

문자메시지

주머니에서
작은 지진이 인다

몸에 익을 만도 한데
진동이 일 때마다
몸을 움츠리며
날아온 이야기를 붙잡는다

사랑의 이야기도
슬픈 음악도 아니지만
가슴 설레는
몇 줄의 사연이
내 몸을 훑고 내려가며
사막을 적시는
오아시스가 되어
신선한 아침을 열어준다

시장 5

황사에 일격을 당한 봄이
시름거리며 비켜선다
그 뒤편 오일장의 웃음으로
북적이는 오후
나는 웃음을 흘리며
시장바닥에서
굴러다니는 봄을 줍는다

냉이 달래
아내의 바구니를 채우는 주꾸미 1kg
입담 좋은 할머니의 웃음까지
검은색 포장지에 담아
매다는 하루

나의 손끝에서 흘러나온 봄이
시장을 떠돌고
황사를 누르며 웃음을 터트린다

선지

너의 몸에서
솟구쳐 흐른
마그마가 굳어져
가마솥에서
세상을 뒤집고
용암으로 굳어져
세상을 들끓게 하는
파리한 웃음

건조주의보

어둠을 탈출한 건조주의보가
내 가슴속에 가득하던 날
나는 영락없이 실종자 명단에 포함되어
터미널 한 귀퉁이에 쪼그리고 앉아
잃어버린 계절을 찾아내려 안간힘을 쓴다

희미한 불빛을 밀면서
버스에서 내린 그녀의 핸드백 속에는
사막의 어둠을 가릴 모자가 있을까?
내가 살아온 세상의 무게가
그녀가 뿜어낸 담배연기만큼은 될까?

입안에 털어 넣은 세상은
소금기 먹은 소리를 내는데
내 가슴은 왜 막막한 웃음이 되어
가당치도 않은
꿈을 꾸고 있는지

입추立秋

달력의 한 자리에
몸을 낮추며
앉아 있다가

폭염으로 둘러싼
괴력의 계절을
서성이다가

반가운 소나기 타고
살짝 내려앉아
온몸을 기우뚱대는 반가운 손님

철수네 무논

세 계절을 넘기며
낮아질 대로 낮아진 들판

겨울을 밀치며
건조한 나날이 자리를 잡고
몇 번의 비가 지난 다음
초록빛 행렬이 고개를 든다

겨우내 땅속을 지키던 개구리들이
잠을 깨치고 일어나
종족번식을 할 때
누렁이 쟁기를 끌던 철수의 논에는
힘센 트랙터가
세상을 뒤집고 솟아오른 섬을 깨뜨리면서
이앙기를 위한 공간을 펼쳐놓는다

봄비 내리는 철수네 논에는
허둥대는 초여름도 함께 피어난다

수염

어둠의 뿌리가 깊어
질긴 삶의 향기로
외로움에 물든 몸을
떨게 하고
붉은 피 삼켜대며
메마른 사막으로
기어 나와
가느다란 이파리 되어
하늘 떨굴 때
불투명한 표피에
고뇌가 열리고
끈끈한 역겨움으로
토해내는
메마른 의식

함석지붕

누더기 된 몸을 걷어내고
새 옷을 입었던 기억이
시간을 갉아먹은
홀씨가 되어 퍼져 흐르던 날

습기 머금은 몸에
붉게 물들었던
신혼 초야의 추억이
세월 속에 녹아들어
좀먹은 목재처럼
몸을 낮추며 흐느적거리고 있다

붉은 벽돌에 밀린 바람
세월을 벗어난 틈을 비집고
온몸을 흔들어 댈 때
몸에 번지는 녹이
수 없는 세포분열로
온몸을 채우며 히죽대고 있다

우표

너
좁은 틈을
비집고 돌아
온몸을 파고드는
세상을 녹이며
인식된 기호를 달고
가냘픈 몸으로 태어나
수백 배
무거운 삶을
짊어지고
시간을 파먹고
웃음 뱉어내는
작은 거인

모래무지

빗방울
늦여름을 타고
수면에 내리는데
빨간 찌 빗방울 타고
흔들거리다가
톡톡거리며
빗속을 흔들어대는 동작

오늘도
다 못 찬 한 뼘으로
한 쌍의 수염을 흔들며
담황 색 물빛을 담아
온몸에 뿌리고
옆구리에 농갈색의 반점으로
너를 그리고 있다

모래바닥이
너의 집이 되고
내가 던져 주는 무엇이든지

모래와 함께 먹고
아가미구멍으로 내놓아
배를 불리는
'신원리'의 반항아

너에게 던졌던
덫을 톡톡거리며
쏘아보다가
온몸으로 빠져
네 입 속에
낚시 바늘을 달고 있구나

너를 당기면 나의 손에
힘이 느껴진다
온몸으로 당기는 세월이
낚싯줄에 맺혀
한 방울 물가에 떨어질 때
너는 강요된 죽음으로
여름을 사고 있었다

일벌레

나의 머릿속에 맴도는 하루가
끝없는 세포분열을 하며
내 안을 채우고 있다
언제부턴가
'일'이라는 바이러스가
조급증을 달고 뒹굴고 있다

어둠을 삼키고 원점에서 출발해
X 좌표와 Y 좌표 사이를 오가며
선을 그려대고
선과 선이 만나는 곳에
면을 만들어 대며 나를 가두고 있다

수많은 면들이
버그가 되어 날아다니며
나의 시간을 잡아먹고 있다

몸 안에 밀어 넣은 음식물이
그 틈바구니 속에서 분해되어
일을 위한 열량으로 태어난다

그 뜨거움이
몸 안을 맴돌며
손과 발을
자동제어장치 속에 붙잡아 매고
허둥대고 있다

프리볼트(Free Volt)

규격화된
너의 몸에
어떤 것을
삽입해도
한없이
오르가즘으로
몸을 떨며
외치는
자유선언

안개

물 알갱이들이
동양화폭으로 젖어들어
어둠을 침몰시키고
낯선 공허를 찾아 나선다

새 섬 속으로

제3장

미지의 섬

사랑 고픈 날에는 정동진에 가라

사랑 고픈 날에는
정동진에 가라

멀리, 멀리서 강한 바람을 타고
온몸을 흔들며
포효하는 바다는
거칠게 담았던
온갖 세상을 누이며
모래 알갱이 속으로 스며든다

바닷가에 서서
연인들은
그들 가슴속에서
말없이 꿈틀거리는 세상을
'사랑'이라고 이름 짓고
어둠 밀어내고 솟는 태양을 보면서
뜨거운 입맞춤을 해 볼 일이다

혼자 그 곳을 찾은 사람은
부서지는 파도를 보며
거친 바다와 깊은 사랑에 빠져보아라

사랑은
손끝에서 손끝으로 흐르다가
가슴을 타고 온몸을 배회하고
모래시계처럼
깊은 늪 속에 빠지기도 한다

사랑이 고픈 사람들은
온몸을 열고
정동진에 가 볼일이다

거친 바다를 껴안든지
옆에 서 있는 그녀를 껴안든지
그것은 바닷바람에 젖은 소나무만 알 일이다

봄빛 그녀
– 벚나무 아래에서 시를 읊는 그녀를 보며

황사에 그을린 세상을 벗고
해마다 만나는 새로운 설렘이 이어지는 날

카메라에 담을 세상을 준비하다가
벚나무 아래에서 춤을 추는
더 화사한 봄을 보았다

흐르는 바람에
꽃비가 내리고
이름 모를 새들의 소리를
온몸으로 입은 여인은
낭랑한 목소리로
봄을 풀어 헤친다

피사체를 당기던 손끝에
가느다란 경련이 일다가
앵글에 갇혀버린 나

발길을 묶고
흐드러진 벚꽃을 떠나 흐르는 꽃비에 몸을 적시고
그 아래
봄을 낚는 여인의 시심에 전이되어
주머니 속 담겨진 언어를 내어
봄빛을 조리개에 담아 화면 가득히 펼쳐낸다

거리의 악사

가을햇살이 숨죽이는 시간
골목 한 쪽에 소란이 인다

어릿광대의 모습으로
아코디언을 껴안은 노인이
가슴속 숨겨놓았던 설움을 퍼내기 시작한다

손가락이 닿은 곳에
젊은 시절의 이야기가 솟아오르고
지친 삶의 무게가
거친 몸을 이기지 못하고
흐느적거리며 거리를 채운다

그의 몸놀림이 이어지는 곳에
또 다른 '나'가
그의 턱수염 사이
서성이는 그림자 하나가 되어
'홍도야 울지 마라'를 따라 부르는 사이
그의 모자에 든
천 원짜리 지폐 하나가 바람에 흔들리고
노 악사의 눈엔
인사동 골목을 조각낸 우수가
시나브로 이슬로 맺히고 있다

몽마르뜨 언덕에서

분주한 시간을 꿴 골목을 지나
성당으로 오르는 계단에 섰을 때
바닷가 죽성 성당에서
어둠을 빨아들이는 일출을 바라보던
그녀가 다가온다

계단을 지나 성당을 지나치고
어느 무명가수가 온몸을 다해서 언덕을 살 때
동전을 밀친 주머니 속의 지폐 한 장이
그녀의 가슴을 떠나서
바이올린 케이스 안으로 빨려 들어가고
가슴을 파던 그 웃음이
화첩 속에서 흐르는 바람을 담은
크로키 속의 연인의 얼굴이 된다

가슴속에 새겨둔 단어가
폭풍이 분다고 지워지지 않고
태양이 온몸 갉아 먹는다고
녹아버리지 않는다

바람에 어둠이 흔들릴 때마다
노천카페 의자에 앉아
지나가는 사람들의 미소를 곁들여
차가운 맥주를 빨아들일 때
내가 이름 붙여준 스미스의 화폭에는
그녀의 온몸이 춤을 추고 있다

향적봉 주목

춘분을 먹고
뱉어낸 바람
하늘을 날아
몸에 걸쳤던 시간 벗겨낸다

살아서 천년
죽어서 천년
향적봉 오르는 길에서 만난
오래된 노래를 부르는 장승

온몸을 비껴 흐르는 것이
수없이 흐르는 바람뿐이 아니다

그 안에서 맴돌며
시나브로 쌓아올린 세월이
나목으로 우뚝 서
삭정이 된 몸을 털며
웃음이 되어 흔들거린다

유배流配

성벽 앞 말뚝이 되어
비바람 맞으며 키워왔던 세월이
먼지에 담았던 기억을 잠식하며
천천히 헤집고 있다

가지 못하던 길에 서 있던
돌아볼 수 없던 방
지나간 세월을 가둔 그곳은
오늘도 푸석거리는 먼지가
거미줄 사이에서 곡예를 하고
그 안에 갇힌 세상은
한없이 번식하는 점點이 되어
새 사슬을 넘는다

채석강彩石江

수평선 끝에서 만나
바위에 부딪고 깨뜨러지고
다시 물방울이 되어 너에게로 간다

포말泡沫을 일으키며
불씨를 돋우고
발길이 머무는 곳
너는 나의 가슴을 비집고 들어서고 있다

사막이 꿈틀거리던 몇 해 전
너를 만났고
너는 사랑으로 나를 묶어놓았다
시간이 박제剝製되어
가슴속에 각인刻印된 날
다시 찾은 발길

너는 여전히
깊은 가슴을 벌려
나를 맞아주고 있다
하늘을 달려
급하게 내려오다가
멍든 가슴을 세워
조각난 세월을 타고
바다로 흘러 들어온 형상形象

너는 바다를 바라보며
흘리던 눈물이 굳어
바위가 되고
파도는 세월을 삭여
끊임없는 노래로
나를 달래고 있다

선운사 동백

1

겨울의 파편이
시나브로 흩어지던 날
머릿속 번식되는 붉은 빛을 찾아
대웅전 비껴 돌아 언덕위로 올라간 길
초록빛 사이
신열에 걸린 너를 만났을 때
발뒤꿈치 들고
난 아픈 너의 웃음을 빈 가슴에 담아야 했다

2

가을빛 무겁게 내리던 날
신열에 걸렸던 네가 보고 싶어
몇 시간 도로 위에 깔아놓고
안개를 헤치면서 달려간 길
너는 선운산 가득 채운 붉은 계절을 먹고
초록빛 가을 사이
산들바람으로
덜 채워진 가슴을 흔들며

얼굴을 내밀었다

3

언제부턴가
소리 없이 타오를 줄 알았다

네 호흡조차
내 몸 안으로 들어와
붉게 번져나가면서
나의 가슴을 물들이고 있던 날
깊은 웃음소리가
이명耳鳴이 되어 파르르 몸을 떤다

일몰
– 대천항연가

하루를 입기 시작하는
붉은 등대 옆에 서서
숨겨 놓았던 가슴을 열었다

늦겨울인지 초봄인지
애매한 경계선
바다는 온몸을 흔들며
바람을 내고
종일 달려온 태양이
갈매기 몇 마리와 노닐다가
내 허기진 마음속으로 달려와
열병熱病으로 쏟아붓는다

바람에 흔들리는 어선처럼
타오르는 하늘에 담긴 태양이
어둠을 밀고
가슴속으로 꽉 차오르며
멍울이 되어
한없이 흔들린다

마곡사 잉어

가을을 한없이 달리다
고즈넉한 산사에 숨어들었다

산자락에 내려앉은 단풍
해탈교 아래 물속까지 물들이고 있다

단풍잎 몇 개가
시나브로 떠내려온 줄 알았는데

고요를 깨뜨리며
내 가슴속으로 파문을 일으키고

또 다른 잉어 한 마리
감나무에서 떨어져
속세를 벗는다

홍도

태고의 신비 머금고
솟아오른 자태

수백 수천 병정들의
끊임없는 도열

외로움이란 외로움 다 마시고
남해바다 홀로 지키는
고독한 파수꾼

쪽빛 외로움 삼켜
온몸을 비틀며
그리움으로
천년을 채우고
타오르는
붉은 여인이여!

시詩가 떠난다

사랑니 솟아오를 때
통증은 시작되었고
숱한 언어가
거친 살갗에 뭉쳐
멍이 되어 흐르던 날
첫눈의 신비스러움에 빨려들어
숨겨진 이야기를 캐내기 시작했다

보이지 않아도 느껴지고
맛보지 않아도 달콤한 기억이었는데
어느 날 다가온 블랙홀에 빠져
거친 호흡으로 사막을 만들고
내 곁을 떠난다

염전鹽田

누구에게라도
이 밭에 잡힌 세상이
흘러갈 수 없는 곳에서
홀로 도피해온 삶이라고 말하지 말라

태평양에서
인도양에서 활보하다가
서해 한 골짜기
겨울을 밀어낸 바람에 실린
햇빛 가득 내리던 날
봄의 왈츠 소리를 들으면서
떳떳하게 입성한 것이다

한없이 내어주고
말없이 담은 섬엔
아무런 저항도 없이
오랜 시간 제 살을 깎아
바람과 햇빛으로 빚은 결정結晶이
아직도 수면水面 속에
드러누워 있다

어둠을 밀고
햇빛을 담아
숱한 사연들 일궈낸
사각형 공간엔
박씨朴氏의 고무래가 담은 세상이
꽃을 피울 준비를 한다

노을

당신을 처음 만났을 때
오래전부터 쌓여 있던 각질층이
부풀어 오르기 시작한 것을 아시나요?

온몸으로 담아내
주체할 수 없는 뜨거움이
명치에 맺혔다가
시나브로 가슴속으로 올라와
춤을 추던 시절이 있었지요

어둠을 통째로 삼키며
출렁이던 바다에 올랐던 기억이
또렷하게 남아있던 날

붉게 흔들리는 바람결에
가슴 다 내어주고도
채 못 채운 그리움은
한없이 자맥질을 하면서 흔들리는데

어죽

예당호에 오면
떠났던 입맛이 되돌아온다

한여름에 눌려
사막을 헤매던 몸뚱이
욕쟁이 할머니 입담과 함께
펄펄 끓어오르는 날
오아시스가 되어 온몸에 물길을 낸다

호수에서 뛰놀던 물고기들
온몸을 녹여
쌀과 국수와 함께 만들어가는 세상

사람들이 뚝배기 속에서 호수를 찾을 때
은빛 물결을 담은 세상은
새 계절을 입고 출렁거린다

환승역에서

계절은
이미 옷을 벗고 있는데
지독하게 걸친 욕심 하나 벗지 못하고
겨울로 가는 길목

내 안에서
굳은 웃음을 흘리던 목적지는
흔들리는 단풍을 머금고
환승역에 잠시 멈춰 서는데
하루를 보낸
텅 빈 플랫폼에는
아직 온기를 담지 못하고
방금 쏟아놓았던 기적소리가
제자리를 벗어나
어둠 속으로 사라진다

한 공간에 담았던
경유지와 목적지가
또렷한 언어로 다가와
빈 의자에 내릴 때
휑하니 달려오는 바람 속에서
터벅대며 걸어가는
이방인의 기침소리가 춤을 춘다

어둠 속에서
입술에 닿는 커피 한 모금으로
거친 세상 밀어낼 때
기다림으로 피운 꽃 한 송이
길게 드리우며 피어난다

황금나무

예당저수지 일번지에는
황금나무가 산다

어죽집 앞 좁은 뜰
십 수 년 전부터 뿌리를 내려
흐르는 전설을 모아
줄기에서 잎으로 잎에서 줄기로 오가며
그리움을 노래한다

죽은 듯 서성이던 봄
호수를 가득 담는 여름
온몸에서 빛을 내는 가을
몸에서 세상을 털어낸 겨울날에도

홀로 선 나무는
온몸으로 황금빛 세상을 담는다

제4장

존재의 섬

모과

실바람 흔들리는 사이
봄볕에 분홍빛 봄이 피어날 때
내 머릿속에서 숨 쉬던 너는
잔잔한 웃음 머금기 시작했다

건조한 나날이 지나고
빗줄기 몇 번 흘러간 후
보이지 않는 몸놀림으로
손톱만한 세상이 자리 잡고
몸집을 불리며 새 계절을 입었다

톡톡거리는 햇살이 노니는 곳
주먹만하던 세상에
울퉁불퉁 자라던
땅속의 전설을 모아
가슴 차오르는 향기 담는다

짙은 계절을 품고
농익은 초록빛 꿈이
시나브로 노란 세상으로 변하여
만추를 노래하고
떫은 몸에 가득한
그리움을 펴내며
이탈을 꿈꾼다

꽃무릇

1
몇 년 전부터
몸 한 구석에
붉은 반점이 생겨나
갈래를 치고
혹처럼 붙어 다니더니
무엇인가
새록새록 숨쉬며
끊이지 않는 신호를 보낸다

2
갈색 모자를 쓰고
긴 치맛자락 날릴 때마다
내 가슴속에 뛰어 놀던 물고기 한 마리
붉은 하늘로 헤엄쳐 오르고
난 무너지는 노을에 갇혀 버렸다

그 때부터
열병처럼 돋아나는 줄기가

손을 뻗어 오르고
나는 숨죽이며 바라만 볼 뿐이다

3
그저 생각만 해도
붉은 웃음으로
가슴속 꽉 차 오르는 모습

영겁을 비집고 오르는
가느다란 줄기에 잡힌 환희가
온몸을 파고들어
붉은 그리움을 들추며
가슴속 숨겨놓았던 정열로 물들이고 있다

다 못 채운 가슴 한 쪽
이생을 벗어나
새 삶을 입을 때 채워지려나

알밤

잘 익은 계절이
숨죽이며
쏟아지는 햇빛을 머금던 날
향기를 품은 바람이
시도 때도 없이 뿌리던 비에 잡혀
가득히 채울 가을조차 품지 못했던 덩이에
여름을 태우던 초록을 품고
반쯤 찬 세상을 열었다

가시로 치장한 송이에
첫 균열이 일어
초록으로 담아 놓았던
세상을 깨뜨리기 시작했다
흔들리는 바람이
속살을 드러낸 새 세상에 다가오고
가을 햇살을 섞은 바람에
백색 그리움을 삭혀
갈색 껍질을 입고
한없이 성숙해지는 몸

무거운 바람이 찾아들던 오후
또 다른 균열로
감춰놓았던 빗장을 열고
새 세상으로 몸을 누인다

땅콩

며칠 전
할인마트에서
카드를 내주고
내 손에 붙잡은 봉지

그 날 이후
존재를 잊고
같이 샀던 오징어를 씹으며
질펀한 맥주만 빨아 마셨다

손잡이가 제거되며
요란한 소리가
입술을 들먹이게 할 때
웃음소리를 듣고
허겁지겁
수납공간을 뒤지다가
둔탁한 서랍을 열어버렸다

순간적으로 도망가는 여름
겨울에 갇혀 있는 꽁치
아직도 몸체를 세우고 있는 삼겹살
노란 콩고물을 밀어내고
벌거벗은 몸으로 서 있는 인절미
나의 손끝이 흘러가는 곳마다
아내의 손끝이 묻어 나왔고
그 주검 사이 누운 봉지
나의 웃음 속에 잡혀
녀석의 몸을 끌어내
심판대에 세웠다

입술에 젖어들던 액체가 지나간 뒤
녀석의 몸을 벗겨
입술로 탐닉하고
경계를 벗어난 혀를 내둘러
한없이 몸을 두드린다

산수유

초봄
등불처럼 다가왔던
순 노랑의 기억이 나풀댄다

쌀알만한 초록을 매달고
두 계절을 지나
숙성을 몸에 입고
시나브로
온몸을 그리움으로 채웠다

가을햇살에
온몸 털어 내며
빨간 몸에 맺힌
통통한 세상

꽉 찬 겨울에
온몸 내어주고
몸의 부피를 줄여
검붉은 웃음이 되어 몸을 떤다

복수초

무채색 가슴엔 어떤 바람도 없었고
그리움은 아예 존재하지 않았다
무딘 계절의 문턱을 넘고
황량한 들판에 새 발자국을 낼 때
너는 그 곳에 숨어서 나를 기다리고 있었다

침묵의 대지를 딛고 말없이 찾아든 전령
온몸을 짓누르던 겨울을 파먹으며
땅속에서 일궜던 삶이
초봄을 태우고 있을 때
내 가슴속
꽃잎을 지난 바람
새 계절을 품고 있다

노란 신호등을 켜며

미모사

어느 날
세상을 열고
초록빛 몸으로
터 오르며
수줍은 언어를 품었다

아린 사연을 담고
햇빛 어린 뜰에서 미소 짓다가
그 어여쁜 모습에
내 손끝 닿으니
너는 온몸을 뒤집으며 숨어버린다

새록새록 솟아나는 그리움이야
눈빛으로 담을 수 있지만
내 안에서 자라나는 너는
입술 들먹이는 소리에도
몸을 사리고
세상을 삭힌
연분홍 사랑이 된다

메꽃

제 몸 하나
추스르지 못하고
뜨거운 여름이 맺힌
나뭇가지에 기대
가느다란 줄기 타고 오르다가
한 정점에 맺혀
둥근 세상에
온 가슴 가두고
은은한 빛으로 토해내는
질긴 그리움

밤꽃

멀리서 보아도 안다

초여름 햇살이 뒹구는 동산
초록빛 웃음 사이
절정을 맞은 세상이
긴 한숨 소리와 함께
한없이 뿜어내는 여름이 있다는 것을

펼쳐진 세상은 넓은데
그에게 주어진 마을은
계곡을 지나
아주 좁은 통로로 연결된 작은 동굴
달궈진 몸으로
발기된 몸은 이미
새로운 세상을 열어가며
온몸에 숨겨놓았던 정열을 모아
온몸으로 마지막 준비를 하고 있다

그에게 주어진
뜨거운 계절을 만나
어떤 저항도 없이
온몸으로 받아들이며
깊은 신음소리를 담는다

지나는 바람에
웃음을 흘리며
온몸 비틀고
힘차게 뿜어낼 때
초록빛 가득한 산에는
뻐꾸기 한 마리
몸을 떨며 날아오른다

진달래꽃

대지를 적신 것이
마지막 겨울비라고 이름 붙이며
산자락 지나며
실종된 겨울을 찾아 나선 길

바람이 불 때마다
솔잎 향이 온몸에 달려들어
산의 호흡으로 발걸음을 맞추며
솔잎을 헤치고
축축한 가랑잎을 밟고 지나가다
작은 바위 아래
작은 꿈틀거림을 보았다

내가 찾던 계절은 이미 산을 내려갔고
그 곳엔 연분홍 웃음을 머금은 새 계절이
수줍게 서 있었다

내 가슴속에서 자라던
눅눅한 겨울을 걷어내며

매발톱

두 계절 동안
현관구석
더부살이를 벗고
마당 한쪽에 자리를 잡았다

꽃샘추위가 내민 손에
움츠러들다가
밤새 내린 빗줄기에 온몸 꿰어
파르르 떨며 하늘 오른다

잔잔하게 숨어있던
봄볕을 품은 꽃봉오리
은은한 향기를 내어 피어나는 날
숨겨놓았던 그리움

햇빛 머금은 미소로 피어나
흔들리는 바람 속으로 스민다

민들레

1
유리창의 흔들림에
처음엔
바람이라고 생각했습니다

한없이 전해오는
떨림의 창가에서
완전한 봄을 잉태한
샛노란 웃음이었습니다

줄기에서 내민 총포는
엄지손톱만한 꽃을
밀어 올리고 있었습니다

2
며칠 동안의 웃음을 나누다가
비가 지나간 다음 날
봄빛이 너무 부셔
창밖을 보았을 때

매일 만나던 웃음이
결실을 맺고 있는 것을 보았습니다

또 하나의 영토를 갖기 위해
성에 가둔 홀씨가 되어
하얀 원을 그리며
바람에 흔들리며
봄을 보내고 있었지요

3
바람에 밀려
춤을 추며
공중을 날다가
흔들거리는 몸이
땅에 자리를 잡을 때
또 다른 삶을 위한 전주곡이
봄 햇살을 밀치고 울려 퍼지고 있습니다

다시 꽃 피울 날을 위하여

계발선인장

새 계절이라는 생각이 들던 날
문득
거실로 들어가는 길에
유배된 세상을 본다

봄이 싹틀 무렵
유산의 증거를 확보해
거실 장에서
계절을 나던 녀석을 붙잡아
신발장 위에 감금시켰다

서너 계절
내 머릿속에서
백지처럼 뒹굴다
새 달력을 입고
사방으로 뻗은
너를 보았다

시간을 긁어모아
손과 발을 만들고
그 안에 그리움을 채우며
사막을 그리워했던 나날

그리워했던 날 수만큼
너의 몸에 돋아난 돌기는
손끝마다 붙잡힌 분홍빛으로
얼어붙은 세상에 빛을 뿌리며
빈 공간에서 자맥질하며 피어난다

돌양지꽃

노고단 정상
안개에 몸을 내어주고
혼돈混沌 속에 파묻혀 있다가
나의 시선을 얼려버린 너

발걸음에 매단
무게만큼
바위틈에서
굳센 의지意志를 먹고
얼굴을 내밀어
나그네를 붙잡아 버렸다

숱한 발길을
넘긴 너의 몸
너의 몸에 남은 상처를 딛고
노란색
아주 작은 꿈을 싣고
새끼손톱만한 웃음으로
안개를 삭이며
지친 나그네의 가슴에
커다란 웃음을 뿌려주었다

해설

자아성찰을 통한 절정의 시학

자아성찰을 통한 절정絕頂의 시학
– 이병헌의 시세계

신익선_ 시인, 문학평론가

1. 함성

맹아萌芽의 심호흡, 이병헌의 시에는 보이지 않는 격렬한 용트림이 감춰져 있다. 어둠에 포위되어 있다가 어느 날 갑자기 어둠의 맹아를 밀어내며 움터 오르는 새싹의 웅성거림과 유사한 어떤 힘이 이병헌 시편 도처에 자리하고 있다. 이를 단번에 이름 한다면 분출이 가로막힌 휴화산 용암의 흐느낌일 것이다. 이병헌의 웅크림이 이병헌의 포효로 변용되어 내딛는 질주의 서곡이 내재된 첫 악장 첫 음절의 율동이다.

시작품을 살펴보면 먼저 이병헌의 시에는 단도직입적으로 시적 화자를 내세워 '내 호흡을 흡수'하는 움직임이 포착된다. 반면에 '겨울'이라는 생의 어둠을 반주하는 소리가 있다. 들리지 않으나 선명하게 들리는 무수한 음성의 파노라마, 무생물체의 집합체인 생의 단단한 '콘크리트'에 둘러싸인 현실에 내재된 '내 호흡'의 질량이 있다. 이들은 거의 암흑에 가깝다. 이 어둠을 깨트려 어둠을 몰아내는 것의 실체로서 종국적으로 이병헌이 제시하는 핵심은 '겨울'이다.

감춰진 우주의 비의를 접하면서 이렇듯 서로 대치하고 투쟁하는 이질적 요소들의 다양한 이미지 혼용의 살아 있는 메타포를 내보이며 이병헌은 평생을 걸쳐 창조해 놓은 이병헌만의 '새 섬'을 오롯이 선보인다. 이 시집의 각 시편들이 거느린 섬의 무대는 저마다 색다른 휘장을 걷는다. 전체 시편 중에서 우선하여 다양한 의미군인 혼유混喩를 차용하여 표출해 낸 인상적 작품이 바로 「벽」이다.

내가 앉은 곳으로 벽이 솟아오른다
콘크리트로 세워진 틈새로 겨울이 꿈틀대며
내 호흡을 흡수하고 있다

벽에 붙은 어둠이 내 눈으로 달려든다
망막에 맺힌 겨울이 어둠을 몰아낼 때
벽에서 소리가 흘러나오고 있다

가슴속에 매달렸던 의식이
한없이 신음소리를 낸다
벽에 매달린 허무가 히죽대며 나를 노려볼 때
차라리 그 웃음 속에
빠져들고 싶은 충동에 빠진다

소리가 벽을 흔들어대고
겨울이 벽을 타고 날아온다

– 「벽」 전문

일찍이 '맥베스'에서 셰익스피어는 "인생은 걸어가는 그림자, 무대 위에서 한때 뻐기다 사라진 후 아무도 귀를 기울여 주지 않는 가련한 배우와 같은 것. 인생은 바보가 지껄이는 이야기, 소란과 흥분에 가득 차 있지만 의미는 아무 것도 없다."라고 외쳤다. 그 외침대로 잡다한 세상사 삶의 지껄이는 이야기들이 아무 것도 아닌 것인가. '콘크리트 틈새'를 비집고 나오는 차가운 삶의 동토를 견뎌내며 인간의 가슴을 소용돌이치던 무한한 '의식'의 정의는 무엇인가. 현실이라는 고단한 적막 앞에, 혹은 예견하였으나 도피하지 못하는 운명 앞에서 정녕 '허무'는 무엇이고 '웃음'은 또 무엇인가. '솟아오르는' 상상적 물체로서 접하는 '겨울'은 곧 '벽'의 표상이다. 평생 시인이 고뇌하며 품어왔던 베일을 벗기는 새로운 생명들의 생명체인 '호흡을 흡수'하는 생명운동으로서 '겨울'을 창조해 낸 것이다.

'겨울'은 그러니까 이병헌의 가상의 창조물이다.

동시에 현실을 초월하고자 하는 잠재적 의지이다. 무작정 배낭 메고 어디론가 떠나가는 생의 유랑의 시작이며 어둠과 어둠이 어우러진 '호흡'이 격렬하게 분출해내는 '소리'이자 '아우성'의 실체다. 소리와 아우성이 어우러진 미명의 소용돌이들, 이들의 뒤엉킴 없이, 궁극적으로 삶이란 '벽'을 오르지 않는 이가 어디 있는가. 정처 없을지라도 어디론가 여행을 떠나지 않는 이 또 누가 있겠는가. 평온을 배격하며 '가슴에 매달린 의식'이

분출해 내는 천길만길의 험난한 여로란 것은 실제로 수없이 아득한 벽, 절벽, 절연, 실연, 치유불능의 상처, 암담한 내일, 돌이킬 수 없는 좌절, 절망 혹은 죽음을 포용하면서도 무언가 새로운 충동을 불러일으키는 미래를 생성해 내는 실상의 '겨울'이며, 이 '겨울'은 은하계보다 더 찬연한 '꿈틀거림'을 잉태한 '새 계절'이란 '날개'다.

①긴 꼬리를 감아 올렸던 계절 속으로
어둠과 섞어 내리는 줄기

아쉬움이라고 이름 지어진 날
숨겨놓았던 단지 속에 담긴
꿈틀거리는 줄기를 내어
흩뿌리는 세상

가을을 딛고
문턱을 넘어
새 향기를 내는 날

결린 어깨에
날개가 돋아나려나 보다

–「겨울비는 날개를 돋게 한다」 전문

②대지를 적신 것이
마지막 겨울비라고 이름 붙이며

산자락 지나며
실종된 겨울을 찾아 나선 길

바람이 불 때마다
솔잎 향이 온몸에 달려들어
산의 호흡으로 발걸음을 맞추며
솔잎을 헤치고
축축한 가랑잎을 밟고 지나가다
작은 바위 아래
작은 꿈틀거림을 보았다

내가 찾던 계절은 이미 산을 내려갔고
그 곳엔 연분홍 웃음을 머금은 새 계절이
수줍게 서 있었다

내 가슴속에서 자라던
눅눅한 겨울을 걷어내며

—「진달래꽃」 전문

숨을 쉬는 우주의 주체로서 인간은 존재하지만 대자연, 대우주 속의 인간의 존재는 생자필멸生者必滅의 자연 법칙대로 언젠가는 흙으로 귀환한다. 호흡이란 것, 인간의 생존이란 것은 필연적으로 죽음이라는 생의 '겨울'에 닿는다. ①의 시에도 예외 없이 '어둠'이 들어 있다. 이 시편의 상당한 이미지는 어둠에서 퍼덕이는 '어둠'

상념의 일환이란 사실이다. 어둠의 응시에서 드러나는 생에 대한 '아쉬움'이라는 회한과 '새 향기'라는 희망을 등치시켜 채워지지 않는 현실의 적막한 아픔 내지는 영혼의 고뇌를 일체화하는 합일체로서 시적 화자는 결코 겨울비를 시어로 제시하지 않으면서 '겨울비'를 말한다. '겨울비'는 그러므로 겨울에 내리는 빗줄기인 '겨울비'인 동시에 반드시 눈앞에 펼쳐지는 겨울에 내리는 비의 실상을 이름함이 아니다. 봄에서 여름, 가을이라는 자연 순환계를 거쳐 마침내 도달한 겨울이라는 지점에서 만나는 겨울을 능가하는 생의 새로운 상황제시이다.

이는 곧 '꿈틀거리는 줄기를 내어/ 흩뿌리는 세상'이란 언어를 빌어 선포하는 의식의 생동감이다. '나'라는 주체와 언어와 타자와 합일된 다성(polyphony) 즉, 서정시의 주체가 대상을 포집하여 매끄럽고 잘 정돈된 균일체로 통합시키는 양상과는 확연히 다른 '너'라는 세계의 인식(겨울비)과 시어의 자기표식인 동시에 '가을을 딛고/ 문턱을 넘어/ 새 향기를 내는 날'에의 새로운 눈뜸일 것이다. 이렇게 겨울비를 제재로 삼으면서도 결코 겨울비를 언급하지 않고 '겨울비에게 날개를 돋게 하는' 의미부여는 이병헌 시작품에서의 활달하고 쾌활한 상징을 느끼게 하는 대목이다. 제목에 들어 있는 '날개'라는 시어에서 오늘날 시가 사라지고 있는 현대의 진부하고 편협한 언어 표출이 아닌 자유로운 의식의 일단을 엿볼 수 있다는 말이다.

이와 동류의 시도가 예시 ②에서도 그대로 드러난다. ‘겨울비’, ‘겨울’, ‘호흡’은 결국 첫 페이지에 예시된 ‘벽’의 시편들 이야기이면서 ①의 시편에서의 ‘꿈틀거리는’ 것의 현상체이고, 이 ‘꿈틀거리는’ 동력의 저변이 인간의 대지를 비옥하게 만드는 알거름 ‘그 곳’, 곧 ‘연분홍 웃음’의 새 세상인 것이다. 그럴 때만이 웅크린 ‘겨울’이 모든 것을 포용하고 모든 것을 순환시켜 새로운 질서를 창조해 내는 어떤 힘에 직면하게 된다. 이것은 이병헌이 거의 평생에 거쳐 시인으로서 고뇌하면서 거의 평생 품어온 ‘겨울’이라는 생의 심층에 근접하게 하는 주요 맥락이다.

시작품에 드러나는 이병헌의 과거는 언제나 현재이며 현재의 시점은 언제나 ‘겨울’이다. 이 어둡고 칙칙하고 춥고 힘겨운 겨울 대지를 폭발시킬 어떤 힘의 궁구이다. 이 괴이한 돌출성의 ‘소리’와 ‘아우성’의 실체는 그럼 무엇인가. 이병헌 시의 내면을 들어가 위 예시된 시편들을 종합하여 살펴보면 그것은 다름 아닌 ‘함성’의 이명異名들임을 은연중 알게 된다. 이병헌은 그가 창조해 놓은 비밀의 대지인 그만의 ‘새 섬’에서 집요하게 파고들어 시의 동맥을 터트리는 것은 다름 아닌 함성, 함성들이다. 남모르는 숱한 세월 동안 이병헌의 올곧은 성품을 불지펴온 함성, 함성이라는 해일海溢이 이병헌을 품어온 것이다. 이병헌 시인에게 있어 시의 대지를 파열시켜 세상의 대지로 솟구칠 웅비는 함성, 곧 내면에 내재된 욱일승천旭日昇天의 어떤 강렬한 기운으로 꿈 꾸어온 것은 바로 함성인 것이다.

2. 육성肉聲

시인은 감지感知한다. 미세한 떨림에서 위대한 진동을 찾아낸 것은 낙하하는 사과에서 만유인력을 발견한 뉴턴만이 아니다. 시인은 이미지의 절편切片에서 지상에 없는 새 세계를 창조해 낸다. 문학, 또는 시의 응전력은 반드시 현실에 맞서는 일만이 아니다. 시인, 또는 시가 꼭 당면한 현실에 대하여 적극적인 참여로 귀결되는 것도 아니다. 외적인 것으로 시의 가치와 위상을 따질 것이 아니라 감동 있는 시적 성취도로 변별되어야 한다고 볼 때 시인의 감지는 혼탁한 현실에서 매우 중요한 성격을 갖는다. 시에서, 시 쓰기에서, 통칭하여 시인에게 있어, 시인이 좋은 시편을 쓰는 일보다 현실의, 혹은 미래에의 위대한 응전은 없다. 지상의 현란한 디지털미디어나 세상 권력에 맞서는 데 있어 좋은 시편에 버금갈 현실 참여는 없다. 이것이 시인들이 짊어져야 할 상처 난 조개의 시적 운명이다. 이러한 관점에서 따진다면 이 감지야말로 이병헌의 시세계를 조망하는 주요 인자라고 할 만하다.

실제, 무엇보다 시인은 시로 말해야 한다. 이 말은 다시 시인은 이미지로 말하는 것이며, 이는 시인의 예리한 감지가 그 전위이다. 세상 사람들이 그저 지나쳐버릴 길거리 도로변에서 노래를 부르는 추레한 노인을 포착, 이병헌이 명명한 '거리의 악사'가 작은 표본이다. 흔히 듣고 보는 거리의 악사, 그가 부르는 노래가 곧 인간과 세계의 장엄한 연주곡이라는 이병헌의 시, '거리의 악사'라는 상징적 매개물이 어떻게 인간존재의 본질을 설파하고 있는지를 잘 보여주고 있다는 점에서 상당한 관심을 끄는 작품이다.

가을햇살이 숨죽이는 시간
골목 한 쪽에 소란이 인다

어릿광대의 모습으로
아코디언을 껴안은 노인이
가슴속 숨겨놓았던 설움을 퍼내기 시작한다

손가락이 닿은 곳에
젊은 시절의 이야기가 솟아오르고
지친 삶의 무게가
거친 몸을 이기지 못하고
흐느적거리며 거리를 채운다

그의 몸놀림이 이어지는 곳에
또 다른 '나'가
그의 턱수염 사이
서성이는 그림자 하나가 되어

'홍도야 울지 마라'를 따라 부르는 사이
그의 모자에 든
천 원짜리 지폐 하나가 바람에 흔들리고
노 악사의 눈엔
인사동 골목을 조각낸 우수가
시나브로 이슬로 맺히고 있다.

–「거리의 악사」 전문

인용시를 비치는 공간적 후광은 스산한 '가을 햇살이 숨죽이는 시간'인 가을이다. 장소는 서울의 거리, '인사동' 골목이다. 이 시편에서 '가을 햇살'은 생명체다. 육화된 몸을 갖고 '숨'을 쉰다. 이 '햇살'이 숨을 쉬다가 숨죽이는 순간이 있다. 아무도 눈여겨보지 않는 '어릿광대의 모습으로/ 아코디언을 껴안은 노인이/ 가슴속 숨겨놓았던 설움을 펴내기 시작하는' 때다. '설움을 펴내는 일'은 아코디언 연주를 말한다. 아코디언을 연주하는 일은, 음악회의 세련된 무대가 아닌 먼지 일렁이고 싸늘한 바람만이 관객인, 관객 없는 인사동 거리에서 아코디언을 타는 일이다. 슬픈 정경이다. 노인에게 있어 연주는 그러나 생계의 필수 수단이었으리라. 생계를 받쳐주지 못하는 아코디언 연주에 평생을 건 노인에게 남은 마지막 무대는 거리일 수밖에 없었으리라.

거리, 삶이라는 무대는 항용 거리를 주 무대로 등장시킨다. 거리로 내몰려 거리의 북풍한설을, 거리의 눈물을, 거리의 울음을 울게 한다. 오로지 온몸으로만 체득해야하는 뼈저린 상황에 쳐 박아 놓기도 한다. 세상 사람들은 그 때의 상황을 일러 실패하였다, 패배자다, 단언하길 즐기지만 그것은 세상 사람들의 관점에 지나지 않는 것, '거리'라는 무대는 사람을 단련시키는 마력이 있다. 그러나 당시의 현실은 거의 형벌에 가까운 극심한 고통을 안기기 마련이다. 너무나 적막하다. 너무나 고독하다. 너무나 쓸쓸하고 너무나 황량한 사막의 춥고 어둔 밤에 맞서는 막막지경이다. 그래서 사람들은 항용 죽음을 선택한다. 아마 '거리의 악사'가 내몰린 형국 또한 그와 유사할 것이다. 게다가 눈과 비와 바람이 휘몰아치는 냉랭한 지상의 대지도 '지친 삶의 무게가/ 지친 몸을 이기지 못하고/ 흐느적거리며 거리를 채우는' 적막의 이름이지만, 길 가는 사람들의 냉소는 또 어떠하랴. 멸시 어린 사람들의 눈빛은 또 어떠하랴. 아무도 거리라는 무대에 선 노인의 연주를 들어주는 이 없는 쓸쓸한 음악회였으리라.

햇살, 그 현장에서 '햇살'은 숨죽이고 듣는 유일한 관객이다.

아니다. 또 있다. '햇살' 관객 사이를 비집고 또 다른 관객이 등장한 것은 다름 아닌 '그림자'다. '그의 몸놀림이 이어지는 곳에/ 또 다른 '나'가/ 그의 턱수염 사이/ 서성이는 그림자 하나가 되어' 동거하는 '그림자'다. '햇살'과 '그림자', 둘 다 육체가 없는 무형물의 관객이다.

거리의 악사인 '노인'의 연주는 바쁘고 분주하게 일터에서 땀 흘려 일하지만 손익계산서를 살펴보면 결국 남는 것은 손에 잡히는 것이 없는 인간의 모양과 유사하지 않은가. 더구나 거리의 악사가 연주한 곡명은 '홍도야 울지 마라'라고 시적 화자는 말한다. 울고 있는 홍도에게 '울지 마'라는 연주를 하면서 '노인' 악사는 자신을 달래고 있었으리라. 또한 연주가 끝나고, '그의 모자에 든/ 천 원짜리 지폐 하나가 바람에 흔들리는' 이 흔들림이야말로 인간의 본질을 상징적으로 암유한 메타포다. '너희 생명이 무엇이뇨? 너희는 잠깐 보였다가 사라지는 안개니라' 성경 잠언서 기자의 언급이 아니라도 지상의 모든 생명은 일정 기간 동안 육신을 입은 형태를 유지하다가 때가 이르면 시간에 침잠하여 형태를 잃어버리는 숙명적 존재다. 이 유한성의 삶을 갈파하는 이 '흔들림'의 세계야말로 실낙원의 시대를 살아야 하는 모든 인간의 공통적 현상이다.

더 중요한 것은 악사의 관객이 노인이란 점이다.

늙고 힘든 자신에게 들려주는 연주, 소싯적 어린 시절부터 아코디언 연주를 해왔을 인사동 거리의 늙은 노인이 연주한 것은 자신이었던 것이다. 아코디언은 자신의 몸이고 그를 듣는 청중은 자기 자신이면서 동시에 자신의 영혼이다. 사람들은 거리의 악사를 배려하여 지폐를 던져 주는 선행을 베풀지만 기실 노인은 얼마 남지 않은 자신의 생을 위하여 자신의 몸을 타는, 연주하는, 불태우는 선율을 연주를 한다. 이런 점에서 고찰하면 '거리의 악사'가 사용하는 아코디언과 아코디언 연주란 화두는 기실 인간존재의 본질에 근접하여 인간을 규명하는 객관적 상관물인 것이다.

노인의 품에서 떠나지 않았던 애지중지의 아코디언은 노인의 사후에 주인을 잃고 어디로 떠돌 것인가. 노인이 그토록 집착한 연주의 가락들은 주인 없는 허공 어느 곳에서 배회할 것인가. 노인의 생이 종료되면 소중히 품어왔던, 연주하여 왔던, 사랑하여 왔던, 애태우며 연모해 왔던, 정열을 다 바쳐 이루고자 했던, 도전하고 창조하며 분투해 왔던, 상처받으며 인내하며 이루고자 하여 이룩한 업적과 가치들은 어디에서 어떻게 아코디언의 연주처럼 사라져 갈 것인가. 어찌 '거리의 악사'에 국한되랴. 이 세상을 살아가는 이 시대의 모든 유형의 삶이란 거개가 유사하지 않은가.

이병헌의 '거리의 악사'는 생경하지 않은 음률을 튕겨 명상의 깊이를 채근하고 있는 것인데 이는 다 생생한 현실묘사이자 인간 본연의 미래에의 투시를 그려내고 있는 것이라 보아진다. 이밖에 '계단을 지나 성당을 지나치고/ 어느 무명가수가 온몸을 다해서 언덕을 살 때/ 동전을 밀친 주머니 속의 지폐 한 장이/ 그녀의 가슴을 떠나서/ 바이올린 케이스 안으로 빨려 들어가고'(〈몽마르뜨 언덕에서〉 일부) 등등의 시편에서 보는 것처럼 '어느 무명가수가 온몸을 다해서 언덕을 살 때' 역시 '온몸'을 다해 연주하는 '거리의 악사'와 다르지 않은 것이다. '거리의 악사'나, '몽마르뜨 언덕에서' 온몸으로 노래 부르는 여자 가수는 기실 인생이라는 트랙을 달려가는 뭇 군상들 아니고 무엇인가.

이렇게 이병헌은 살아 있는 생생한 삶의 진실한 이야기들을 기록하고 있는 것이다. 바르고 정직한 자만이 들여다볼 수 있는 인간 내면의 스토리와 미래의 실체들, 이것이 삶과 우주와 내면의 살아 있는 생명체를 기록하는 이병헌의 육성인 것이다. 동시에 이병헌은 실제 육성으로만 각 시편을 통하여 스스로를 기록해가는 것이다. 이 점이 이병헌 시에서 두 번째 펼쳐지는 시의 날개이다.

3. 웃음

웃음을 일러 인간만의 언어라 한다. 인간의 일생은 부귀함이나 오래 사는 수壽, 지상에서 획득한 명예가 인간 개체의 행불행을 판별해 내는 것이 아니라 웃음이 결정짓는다 하여도 과언이 아니다. 웃음을 거론할 때, 인간의 생애에서 그 주인공이 얼마나 많이 웃고 인생을 살다 임종하였는가를 살펴볼 필요가 있다. 살면서 많이, 자주 웃고, 웃음을 잃지 않는 임종이었다면 그는 복된 삶을 산 주인공이다. 그렇지 못하고 웃음을 잃었다면 외양은 언뜻 화려해 보여도 막이 내린 무대 뒤의 소등처럼 그의 일생은 어두운 한숨이 지배적일 것이라 예상한다 하여 무리가 아니다. 웃는다는 것, 바로 웃음은 한 개인의 일대기를 가늠해볼 수 있는 척도가 된다. 그 웃음이다. 이병헌 시인, 그리고 이병헌의 시세계를 특정할 수 있는 또 하나의 숨겨진 퍼즐은 '웃음'이다.

①너의 몸에서
솟구쳐 흐른
마그마가 굳어져
가마솥에서
세상을 뒤집고
용암으로 굳어져
세상을 들끓게 하는
파리한 웃음

–「선지」 전문

②너
좁은 틈을
비집고 돌아
온몸을 파고드는
세상을 녹이며
인식된 기호를 달고
가냘픈 몸으로 태어나
수백 배
무거운 삶을

젊어지고
시간을 파먹고
웃음 뱉어내는
작은 거인

—「우표」 전문

예시 ①은 피의 이야기다. '몸'이란 형체가 사라지고 난 뒤의 생의 이야기들이 펼쳐진다. 이야기가 아니다. 환호와 절규의 음성들이다. 흡사 기타를 들고 무대를 휘젓는 미성美聲의 개리무어(Gary Moore)의 기타와 전 세계에서 전무후무한 최대의 팝 가수였던 마이클잭슨(Michael Jackson)의 폭발적 광기의 노래와 춤이 오버랩 된다. 한 시대를 풍미한 어떤 함의의 명칭인 '마그마'는 젊은 이름의 노래와 춤이다. 그 둘이 어우러진 용암이다. 분출로 굳어진 지층의 피인 용암의 사체다.

한 인간의 생애는 피가 생성되어져 활동하다가 피가 굳어지는 간극을 이름한다. 생명 탄생은 피의 생성과 움직임이다. 죽음은 피의 소멸과 멈춤이다. 한 개체의 우주, 그 이상이었던 생명체의 생성을 뜻하는 '너의 몸에서/ 솟구쳐 흐른'이 생명운동을 하기 시작하는 것이다. 그러다 사라지고 나면 '마그마'로 비유된 물질이, '가마솥에서/ 세상을 뒤집'는다. 그리고는 다시 가마솥을 달구어대는 가열의 끓어오름에 원래의 '용암'으로 흐르다 솥 안에서 '굳어'진다.

이 '굳어'의 상태가 삶의 상당한 부위를 점령하는 게 일상이다.

가족끼리 이웃끼리 친구끼리 서로 신뢰하고 사랑하는 일 대신에 '굳어'져 가거나, 이미 '굳어' 있다는 데에서 행복한 삶의 지난함과 더불어 인간의 모순성, 삶의 이율배반적인 실상을 표출한다. 소중한 '웃음'을 상실한 것이다. '웃음'을 상실한 이 시대의 통증은 일회성인 인간 삶의 행복추구권을 크게 침해하는 우환 거리다. 명랑하고 밝고 쾌활한 사람을 만나는 것, 즉 웃음을 나눌 수 있는 사람과의 동행 이상의 행복은 없다. 고귀한 생의 고귀한 성정의 가치를 대변하는 '웃음'의 존귀성을 표상하는 시어가 바로 끝 행의 '세상을 들끓게 하는/ 파리한 웃음'이다.

'웃음'으로 인하여 시어의 내면은 죽은 사체의 피의 응고된 상태인 '선지'의 비극성을 희극으로 뒤바꿔 놓는다. 원래 삶의 본래의지는 행복한 삶이다. 그러나 삶의 현장은 그 반대이기 일쑤다. 그를 원래대로 회복하는 일이 '웃음'이다. '파리할'지언정 '웃음'을 담보해내는 목숨 있는 생명들의 근원인 '피'의 응고를 통하여 이병헌은 '들끓게' 하는 새 세상의 '웃음'을 발견한다. 이것은 시인의 예리한 촉수가 아니면 불가능한 일이다. 이병헌의 이러한 포착이야말로 자신과 세상에 대한 새 기표, 즉 새로운 언어인 것이다. 어렵고 힘든, 이미 생존의 호흡을 잃어버린, 곧 몸을 잃어버린 무주 공간인 가마솥 안의 '선지' 숙명일지라도 어쩌겠는가, 몸을 잃고 형체도 상실한 채로 그래도 '파리하게/ 웃음'을 웃다가 한 생이 마무리되는 그것, 그 역시 '파리한 웃음'이 아니겠는가. 삶의 현실이 절망적으로 비칠 때, 고달프고 역겨운 삶의 언덕배기에서 신음하는 원인은 단순 명료하다. '웃음'이 없는 까닭이다. 이런저런 계산에 머리 어지럽고 잇속에 정신 사나운데 어느 결에 '웃음'이라는 선경仙境에 들 것인가. 그렇더라도 '파리한 웃음'이란 상황 제시는 비극적인 현실을 초극하여 변화시키는 희극적 단서, 희극의 무대를 제공하기 족하다 하겠다.

시 ②에서 역시 '웃음'이 등장한다. '수백 배/ 무거운 삶을' 감내해 나가는 비관적인 현실인식을 치유하는 뭇 군상들이 '수백 배 /무거운 삶을 / 짊어지고/ 시간을 파먹고/ 웃음 뱉어내는/ 작은 거인'라는 풍경으로 변모하면서 진실의지를 대표하는 '우표'로 대변된다. '우표'를 붙이면 우편물이 배송되듯이 '나'는 기실 우편물의 우표와 같이 누구에겐가 보내지는 인격체이되, 그것은 어디까지나 '웃음을 뱉어내'야 한다는 삶의 참된 지향점 제시가 바로 이 시편인 것이다.

'웃음' 은 그러니까 이병헌 시편의 주요 포인트이다.

웃음을 잃은 사람을 만나면 사실은 숨이 막힌다. 웃음을 잃은 가정에 가면 삭막하다. 웃음을 잃은 개인이나 단체는 암울하다. 웃음이 사라진 곳에 찾아드는 일은 무덤 근처에 들어온 것과 같다. 평안이나 평화나 평온이 존재하지 않는다. 웃음 없이는 인간의 고귀한 가치인 인권의 창달이라든가 인격의 지고함, 인간 자체의 우아한 미덕은 물론 안온한 안정을 찾기 힘들다. 그와 반면, 웃음의 가치는 고귀하다. 지구상에서 존재하는 만물 중에서 유일하게 인간만이 웃음이란 아름다운 감정표현을 할 줄 안다. 실제로 아리따운 처녀의 미소 띤 얼굴보다 더 아름다운 교향악이 있는가. 미소 띤 부모님, 미소 띤 자녀들, 미소 띤 배우자, 미소 띤 이웃, 미소 띤 친구, 미소 띤 친인척을 만나 더불어 살아가는 삶을 일러 천국이라 명명한다면 오만한 참칭인가.

미소, 혹은 웃음은 인간의 삶에서 그냥 아무렇지 않게 스쳐 지나치기 십상이지만 그런 의미에서 '웃음'이야말로 행복의 바로메타다. 웃음을 사랑하는 이 치고 아름다운 심성을 갖지 않은 이가 없다. 웃음을 잃은 이 치고 어둡고 답답하지 않은 이 없다. '웃음'의 가치, '유머'의 가치는 형용키 어려운 가치를 지닌 것이다.

이밖에도 이병헌 시인의 시작품 전편을 쉴 새 없이 드나들며 표현되는 시어, 시편 전체를 관류하는 것은 웃음이다. '그 안에서 맴돌며/ 시나브로 쌓아올린 세월이/ 나목으로 우뚝 서/ 삭정이 된 몸을 털며/ 웃음이 되어 흔들거린다'(「향적봉 주목」 종연)이라든가, '실바람 흔들리는 사이/ 봄볕에 분홍빛 봄이 피어날 때/ 내 머릿속에서 숨 쉬던 너는/ 잔잔한 웃음 머금기 시작했다'(「모과」의 첫 연), 또는 '나의 손끝이 흘러가는 곳마다/ 아내의 손끝이 묻어 나왔고/그 주검 사이 누운 봉지/ 나의 웃음 속에 잡혀/ 녀석의 몸을 끌어내/ 심판대에 세웠다'(「땅콩」의 일부), '그저 생각만 해도/ 붉은 웃음으로/ 가슴속 꽉 차오르는 모습'(「꽃무릇」의 일부), '책상 정리를 하다가 책상을 어지럽히는 것들을 집게 하나로 묶어 버리고 나니 가뿐해지는 세상이 나의 머리를 가볍게 만들고 나의 손끝에는 갑자기 다가오는 녀석의 신기함에 바보처럼 웃고 집게도 따라서 웃는다'(「집게」 1연), '수없이 펼쳐지는/ 그들의 가슴을 탐닉하며/ 웃음을 떨어뜨리고/ 분노를 삼키기도 한다'(「교정을 보며」 일부), '노란색/ 아주 작은 꿈을 싣고/ 새끼손톱만한 웃음으로/ 안개를 삭이며/ 지친 나그네의 가슴에/ 커다란 웃음을 뿌려주었다'(「돌양지꽃」 일부), '네 몸체를 달고 있는/ 히죽거리는 웃음을 볼 때마다'(「열쇠고리」 일부) 등등 무수한 시편에서 엿볼 수 있듯이 '웃음'은 이병헌 시인의 시작품에서 매우 중요한 모티브로 자리한다. 결국 웃음이란 삶의 부조리를 초극하는 진정성의 표출이다. 즉, 이병헌의 웃음 철학이 담겨 있다 하겠다.

4. 절정

시인은 특히 정적靜的인 모든 것은 배격한다.

정적인 것은 일단 죽어 있는 상태라 보는 것이다. 목

숨이 붙어 있다하여도 흔히 겪는 매너리즘(mannerism)의 상태는 정적인 상태를 이름한다. 틀에 박힌 변함없는 태도나 방식이야 말로 살아있는 게 아닌 것이다. 적어도 시인에게 있어 더욱 그러하다. 일일이 거론하기 어렵지만 살아있는 생물체, 그 생명운동의 현상 중에서 두드러지는 특성이 동적인 것이다. 심지어 아기의 탄생조차 첫 울음을 터트림으로서 절정의 순간을 맞는다. 척박한 환경에서라도 모든 식물은 싹을 틔워 성장한다. 그 절정은 꽃이다. 아스팔트 틈바귀를 헤집고 피어오르는 작은 민들레 역시 개화가 절정이다. 이번 시집 시편들을 하나의 제작물(product)로 보아 미학적이며 아리스토텔레스적인 견해를 갖든, 하나의 과정(process)이라 보고 독자를 창작 시편에 포함시킬 것을 추구하든 이병헌이 시도하는 것은 궁극적으로 동적인 상태의 지속, 즉 절정이라 보아진다.

①멀리서 보아도 안다

초여름 햇살이 뒹구는 동산
초록빛 웃음 사이
절정을 맞은 세상이
긴 한숨 소리와 함께
한없이 뿜어내는 여름이 있다는 것을

－「밤꽃」 일부

②웅성대는 계절에 붙잡혀
온몸 내려놓고
바닥을 보이고 있다

타오르는 몸에서
숱하게 배설되었던
절정의 기억을 더듬지만
차가운 몸에 담아
뜨겁지 못할 사랑으로 맺어질
유산을 두려워하며
온몸을 낮추며
비워놓은 몸

–「겨울 염전」 일부

③규격화된
너의 몸에
어떤 것을
삽입해도
한없이
오르가즘으로
몸을 떨며
외치는
자유선언

–「프리볼트(Free Volt)」 전문

어느 날 갑자기라고 해야 맞을 것이다. 짧은 봄날을 마지막 장식하는 것은 예시 ①의 시편처럼 '멀리서 보아도 아는' 일일 것이다. 산 아래 마을, '초여름 햇살이 뒹구는 동산/ 초록빛 웃음 사이/ 절정을 맞은 세상'을 말이다. '밤꽃'의 절정은 그러니까 '꽃'인 것이다. 알밤을 여물리기 위한 꽃이지만 시적 화자는 알밤이 아닌 '꽃'을 주시한다. 이 '밤꽃'에서부터 다시 개화되는 계절의 이름이 '한 없이 뿜어내는 여름'이다. 물론 '뿜어내는' 앞에 생략된 여름의 무더위와 여름의 열기와 여름의 성장과 여름의 활동과 여름의 땀방울들을 읽을 수 있다. '밤꽃'이 핌으로 여름은 비로소 개화하는 것이다. 성장과 생장의 분기점은 여름이라는 적시인 것인데, 여름의 기억은 다시 예시 ②에서 '타오르는 몸에서/ 숱하게 배설되었던/ 절정의 기억을 더듬'는 '염전'의 생애를 조망하기에 이른다. 이 시편에서는 '온몸 내려놓고/ 바닥을 보이는' 일의 중요성이 강조된다. 바닥에서야 인간은 바닷물을 증발시켜 생성되는 소금처럼 새 창조의 신화가 형성되어질 것인데 여름이 지나고 나서 바라보는 '차가운 몸에 담아/ 뜨겁지 못할 사랑으로 맺어질/ 유산을 두려워하며/ 온몸을 낮추며/ 비워놓은 몸'인 '겨울 염전' 은 절정을 향한 '뜨거움'에의 갈망이 적나라하게 표출된 작품이다. 대저 '뜨거움' 없는 겨울 염전이 어디 염전인가. 이 말은 다시 대저 '뜨거움' 없는 사랑이 어디 사랑인가라는 말을 에둘러 표현한다. 동시에 예시 ③의 '프리볼트'에서는 한낱 전기부품인 작은 부속을 보고 외치는 시적 화자의 울림이 예사롭지 않다. 전기 콘센트에 지나지 않으면서도 '한없이/ 오르가즘으로/ 몸을 떨며' 저 영원한 자유인, 영원한 떨림, 영원한 선언, 영원한 절정을 보라. 진실로 인간의 삶은 '절정'을 위하여 존재한다. 진실로 인간의 사랑은 사랑 그 자체로 절정에 다다른다. 절정은 곧 사랑이다. 진실한 사랑이다. 인간의 삶에 있어 사랑이 휘발된 육아나 이상이나 쟁취는 인간의 대지를 무미건조 하게 만든다는 이 절정의 애착이야말로 이병헌 시작품의 진면목을 여실히 드러내는 네 번째 키워드다.

5. 결어

이병헌의 시에는 이병헌의 함성이 들어있다. 이병헌의 시에는 이병헌의 육성이 들어 있다. 웃음과 절정이 공감하고 공존한다. 내재된 음률들이다. 이들은 모두 이병헌의 시의 대지를 풍요롭게 하는 키워드다. 진실로 위대한 시인은 감수성의 부수물인 상상력에 대한 '열광적 기쁨'(enthusiastic delight)을 필요로 한다는 아담 스미스(Adam Smith)의 '공감력'의 역설에 대한 실체를 보는 시편들이 상당하다. 참으로 오랜만인 이순 지경에 이르러 오래도록 꿈꾸어온 새 섬을 선보이는 이병헌의 이번 시작품들이 문학예술로서의 가치를 드러낸 것은 첫 시집답지 않은 무게이기도 하다. 특히 빈번하게 적시된 여행 시편들이 부지기수다. 이들 시편들은 후일을 위하여 다루지 않았지만 이병헌은 전국 최대의 블로그를 운영하는 여행가이면서 여행 전문 가이드이기도 하다. 이미 여행 방면에 책을 출간하여 전국적으로 널리 알려진 바 있다. 이렇게 이병헌에게 있어 시와 여행은 둘이면서 하나요, 하나면서 둘인 이병헌의 합일된 현상체이다. 더하여 다수의 소설도 발표한 바 있는 이병헌의 문학적 궤적을 옹호하고 응원한다. 다만 자신의 필력에 도취한 감이 없지 않은 장시편長詩篇들이 많다. 시는 응축을 통한 문학적 형상화를 생명으로 한다는 점을 부기하면서 논지를 필하고자 한다.